JN440808

갈채(喝采)의 숲

리헌석 시집

오늘의문학사

국립중앙도서관 출판시도서목록(CIP)

갈채(喝采)의 숲 = Cheering forest : 리헌석 시집 / 지은이 : 리헌석. -- 증보판. -- 대전 : 오늘의문학사, 2014
p. ; cm. -- (오늘의문학시인선 ; 332)

ISBN 978-89-5669-614-0 03810 : ₩8000

한국 현대시[韓國現代詩]

811.7-KDC5
895.715-DDC21 CIP2014012256

갈채(喝采)의 숲

❏ 증보판을 내면서

리 헌 석

1982년에 발간한 첫 시집 『갈채의 숲』을 30여년 만에 돌아보기로 하였다. 흘러간 세월을 되돌릴 수 없는 것처럼, 작품도 한번 발표하였으면 그만이지 싶다. 그럼에도 불구하고 증보판으로 발간하는 뜻은 단순하다. 결혼이나 직장생활로 인하여 집을 떠난 자식들을 돌보듯이, 더러는 따뜻한 애정으로 '애프터서비스'를 하는 마음이다.

첫 시집을 발간할 때는 문학의 첫 걸음을 떼던 때였다. 동인회를 주재하는 분에게 시집 구성을 위임하였다. 두세 권 분량의 작품 중에서 그 분의 성향에 의하여 40여 편의 작품이 선택되어 세상에 나오게 되었다. 그때 선택되지 않는 작품은 2시집, 3시집, 혹은 4시집에 선택받아 수록되기도 하였다. 첫 시집에 수록된 작품들, 그리고 다시 뽑은 작품들을 모아 수정 증보판을 발간한다.

첫 시집을 발간할 때의 상황과 정서를 돌아보며 쓴 자작시 해설을 덧붙이기로 하였다. 「디디울나루, 내 시의 원천」이란 제목의 이 글은 문학전문지 『생각과 느낌』의 청탁을 받아 쓴 산문이다. 디디울나루는 충남 공주시를 관통하여 흐르는 '금강'에 있는 나루 이름이다. 곰나루 약간 하류에 있는데, 중고등학교 시절 6년 동안 매일 아침과 저녁에 이 나루를 건너 통학하였다. 그 추억의 편린에 담겨진 정서는 내 시의 원천이었다.

1.

디디울나루는 고향에 있는 금강의 작은 나루터이다. 충남 공주시

웅진동과 우성면 평목리를 맞대고 있는데, 중고등학교 6년을 하루같이 나룻배로 통학을 했다. 그곳에서 젊은 시절의 이상을 새기기도 했고, 아름다운 서정을 가슴에 담기도 했다.

아침 일찍 일어나 20여 리(10km) 시골길을 걸었다. 계절마다 새롭게 펼쳐지는 아름다운 강나루는 서정의 보물창고였다. 봄이면 화사하게 웃는 산 벚꽃이 손짓을 하고, 여름에는 가슴을 흔드는 여울소리가 정겨웠다. 가을이면 억새가 하얗게 춤을 추었고, 겨울에는 눈보라 속에서 싱싱하게 살아야겠다는 다짐을 세우기도 했다.

그런 가운데 짝사랑의 추억을 간직하게 되었고, 그 때의 정황을 시로 빚어 보았다.

강물에 비친
새벽별
아름다운 영혼을 보았다

섬바위에 앉아 바라보면
도라지 꽃빛으로 출렁이던
뭇별들이 사라지고
촛불처럼 남은 하나

그대 사랑도
새벽별
저처럼 외로운 걸까

미명이 걷히고 나면
이슬로나 내려앉을 별이여
바람에 흔들리다가
가슴에나 남을 혼불이여

— 「디디울나루 새벽길」 전문

아름다운 자연만 친구가 되는 것은 아니다. 감수성 예민한 청소년기를 함께 보내다 보면, 선배와 친구, 그리고 동생들이 모두 한 가족과 같다. 누구는 아침밥을 굶었다든지, 누구와 누구는 좋아지내는 사이라든지, 누구는 얼굴보다 마음씨가 곱다든지 시시콜콜 모르는 게 없을 정도니 말하여 무엇하랴.

좋아하는 여학생이 있었다. 좋아하면서도 속내를 보이지 않았다. 물론 그 여학생도 나를 싫어하지 않는 눈치였지만, 내성적인 숙맥이라서 터놓고 사랑을 고백하지는 못했다. 언필칭 짝사랑을 하는 사이 세월이 흘렀다.

그때의 심정을 되새긴 것이 앞의 작품이다. 사랑을 고백하지는 못했지만, 그리하여 멋들어진 추억을 간직하지는 못했지만, 작품 한 점 얻었으니 그것으로 만족해야 할 것이 아닌가.

2.

통학길에는 성황당이 있었다. 고갯마루를 지키는 돌무더기 옆에는 당산나무가 오색 헝겊을 휘날리며 휘파람소리를 만들고, 그 옆에는 돌장승이 머리를 떨어뜨린 채 눈비를 맞으며 세월을 가늠하고 있었다. 돌장승은 '장승'이라고도 하고, '벅수'라고도 하는데, 마을을 지키는 수문장의 역할을 하기도 했고, 마을과 이웃 마을의 거리를 나타내는 이정표 역할을 하기도 한다.

초하루나 보름이면 마을 아낙들이 성황당 장승 · 당산나무 · 돌무덤 앞에 떡시루를 놓고 가족의 안녕을 빈다. 학교에서 돌아올 때면 성황당 근처를 두리번거린다. 가끔 명태포나 떡을 얻을 수도 있고, 대추나 알밤을 얻어먹으면서 시장기를 면하기도 했다.

성황당 돌무덤을 지나며
부서질 듯 애절한 울음소리를 들었다
굴참나무 옹이 속에서 터지는

휘파람 소리를 들었다

〈중략〉

대밭을 지나며
울먹이는 눈물빛보다 시린 새벽
밤새도록 이슬로 달아놓았던
어머니, 빈 가슴의 등불을 보았다

—「장승 곁에서」 일부

어쩌다 성황당 돌무덤을 지날 때, 돌무더기에 앉아 흐느끼는 여인을 본 적이 있다. 살기가 힘들어서 그랬거나, 돌아가신 부모님을 생각하면서 그랬거나, 먼저 보낸 자식 생각에 가슴을 뜯으며 그랬거나, 시집살이가 고달파서 그랬거나, 어쩌면 집에서 쫓겨나 오갈 데 없어서 울었거나, 하여튼 서글프게 우는 여인을 보기도 했다.

바람이 부는 날이면 성황나무 가지를 흔드는 휘파람 소리가 들렸다. 구멍이 뚫린 굴참나무 옹이 자리에서 휘파람 소리가 들렸다. 성황당에서 울던 아낙들의 한 서린 울음소리도 같고, 힘들게 짐을 나르던 삯군들의 긴 호흡도 같았다. 때로는 전쟁터에 나가 산화된 병정들의 혼이 억새풀에서 되살아난 소리, 산기슭을 흔들려 달리는 외마디 외침소리와도 같았다. 그 휘파람 소리는 나무 가지를 흔들다가, 옹이 속에서 동그라미를 만들다가, 구멍 속으로 휘돌아 빠져나가는 바람소리였지만, 수많은 상상력을 동원하게 하는 마력이 있었다. 친구들마다 그 소리의 느낌이 달랐으니, 그야말로 천의 소리가 아닌가 싶다.

성황당 근처에는 대밭이 있었다. 새벽에 등교하느라, 그 대밭을 지나며 언 손을 호호 불기를 얼마나 했던가. 그 새벽의 여명은 울먹임을 만들었고, 그 울먹임 속에 눈물로 방울방울 떨어뜨리는 눈물빛이 시렸다. 그 시린 새벽과 어둔 저녁길을 걸어, 왕복 50리길을 통학하다 보면 참으로 많은 이야기가 생기게 마련이다.

저녁, 늦게 귀가할 때면, 어머니는 지등(紙燈)을 밖에 걸고 기다리셨다. 자식만을 걱정하시는 어머니 가슴, 그 순간만큼은 자식 외의 모든 것을 비운 마음이셨을 게다. 그 빈 가슴에 달아 놓은 등불을 보면서 나는 어머니의 사랑에 감읍하였을 게다. 그래서 나는 아버지의 바깥일보다 어머니의 집안일을 더 열심히 도와드렸던 게다.

새벽밥을 짓기 위해 물동이를 이시는 어머니를 대신하여 물지게를 지고 우물에 가서 물을 길어 왔다. 이 일은 지금 생각해도 정말 대견한 일이라 본다. 새벽 우물터는 물 긷는 아줌마, 쌀 씻는 할머니, 푸성귀 다듬는 아가씨, 마을 여자들이란 여자들이 모두 모이는 곳이다. 평소 부끄럼 잘 타기로 소문난 내가 그 우물터에서 물을 길어 온다는 것은 상상조차 할 수가 없는 일이다. 여자들 얼굴 보기도 민망하여 가까이 다가서지 못할 나이였다. 그러나 학교에 가는 자식을 위해 새벽밥을 지으시는 어머니의 힘을 덜어드려야 했다. 입술을 깨물며 우물에 한번 다녀온 뒤부터는 물 긷기가 일상사로 바뀌었으니, 부끄러움도 마음먹기에 달렸을 따름이다.

3.

어떻든 새벽에 길을 걷다 보면 수많은 이슬을 만난다. 길가에서 바지를 적시는 이슬, 연잎에서 동그르르 구슬을 만드는 이슬, 옥수수 수염에 맺힌 개구쟁이 이슬, 뱃전에 내려 엉덩이를 적시는 이슬, 이런 이슬이 떼구르르 구르다가 떨어지는 것을 보면, 어머니 가슴에 매달았던 지등 불빛이 생각난다. 때로는 밤새도록 달아 놓고, 가족을 기다리는 어머니의 가슴이 이슬로 내려앉은 것 같아 눈시울을 적실 때도 있다.

이런 추억을 더듬으며 디디울나루에 섰다. 물결은 그때와 다르지 않건만, 추억은 세월을 거슬러 강물에 아름다운 윤슬(물비늘)을 짓는다.

강물이 흐르고
쉼없이 계절도 바뀌었다

추억만 언제나 제자리
동동걸음이다

—「흐르는 강물을 보며」 전문

아침해가 물살에 고운 빛깔을 칠하면, 키가 큰 미류나무의 그림자가 먼저 강을 건넌다. 긴 머리칼 치렁치렁한 버드나무도 오색 강물에 머리를 감는다. 석양이 물들면 더욱 더 아름다운 윤슬이 만들어진다. 미풍에 물살이 일고, 여울 나루에 노랫소리까지 겹치면, 그야말로 디디울나루는 꿈의 궁전이다. 다시 서서 아름답던 추억을 되새기는데, 어서 발을 담그라며, 디디울나루 추억의 물살이 손짓으로 부른다.

4.

1982년에 발간한 첫 시집을 찬찬히 돌아보았다. 임강빈 은사님의 서문, 송재영 교수님의 발문을 읽으며 가슴이 먹먹하다. 시원치 않은 글을 칭찬하시느라 얼마나 고생하셨을까, 고마운 마음으로 증보판에도 그대로 모신다. 눈물겹도록 감사하던 초심(初心)을 살아있는 동안 놓지 않을 요량이다.

❑ 서문(序文)

시인 임강빈(任剛彬)

리헌석(李憲錫) 시인은 지금 대전에 살고 있다. 서로 만나는 기회는 뜸하지만 그가 〈시도(詩圖)〉 동인의 한 사람으로 짭잘한 작품활동을 하고 있음을 잘 알고 있다.

총 끝에
참새를 올려 놓았다
방아쇠를 당기면
저들의 체온은 어디로 갈까
어디로 사라질까

〈中略〉

총구(銃口)를 내리고
호흡을 풀고
신선한 날개를 파닥이는 放生을 본다
상기되어 타오르는
갈채(喝采)의 숲

위에 인용한 시는 이 시집 이름이기도 한 『갈채(喝采)의 숲』 일부이다. 그의 인간됨과 시의 분위기를 잘 드러낸 작품으로 보아 좋을 것이다.

우리가 어떤 사물에서 얻어진 생각, 사상이 그대로 시가 되는 것은 아닐 것이다. 육화(肉化)된 자기 언어로 환치(換置)하는 묘(妙)를 얻어내야 한다. 이 시집에 더러 생각이나 사상의 모서리 같은 것이 눈에 띄기는 하지만, 그러나 그의 정련된 언어로 그것을 잘 감싸주고 있다.

시는 전부를 드러내지 않고 독자로 하여금 생각할 수 있는 여유를 남길 줄 알아야 한다. 그렇다고 모호해야 된다는 것은 아니다. 오히려 명징성(明澄性)이 뒤따라야 한다. 이런 면에서 리헌석의 시는 행간(行間) 속에 많은 의미를 깔아 놓을 줄 아는 기술을 갖고 있다.

그리고, 사물(事物)을 보는 눈이 매우 섬세하고 따스하다. 그의 직선적(直線的)인 눈은 의외로 시의 본질(本質)에 접근시키고 있음을 볼 수 있다.

『갈채의 숲』은 그의 처녀 시집이다. 시집을 낸다는 것은 이제까지의 자신을 정리하고 뒤돌아 보는 계기일 수 있다. 그리고 무언가 자기를 억누르고 있는 것으로부터의 해방감(解放感)도 맛볼 수 있을 것이다. 이 해방감은 시인 자신이 만끽할 수 있는 최대의 자유이며, 또 그것은 새로운 도약(跳躍)의 약속이어야 할 것이다.

아무쪼록 한눈 팔지 말고 갈채받는 시인으로 대성(大成)하기를 바란다.

1982. 11. 2

차례

1부 디디울나루에서

2부 움싹의 하늘

3부 싸락눈 내리는 날은

4부 연을 날리며

5부 할머니의 세월

1부

디디울나루에서

디디울나루 새벽길

강물에 비친
새벽별
아름다운 영혼을 보았다

섬바위에 앉아 바라보면
도라지 꽃빛으로 출렁이던
뭇별들이 사라지고
촛불처럼 남은 하나

그대 사랑도
새벽별
저처럼 외로운 걸까

미명이 걷히고 나면
이슬로나 내려앉을 별이여
바람에 흔들리다가
가슴에나 남을 혼불이여

장승 곁에서

성황당 돌무덤을 지나며
부서질 듯 애절한 울음소리를 들었다.
굴참나무 옹이 속에서 터지는
휘파람 소리를 들었다.

달리던 말발굽 아래 흩어지던 억새, 그 가슴 에이는 노래, 서라벌로 가라, 사비성으로 가라, 대륙으로 가라, 중앙아시아로 가라, 바다로 가라, 태평양 먼 대양으로 가라, 굴참나무 옹이에서 들리는 활시위 소리에 놀란 새가 울었다. 밤하늘의 달을 따리라 목놓아 외쳤다. 마지막 남은 별을 따리라 외쳤다. 파도치는 절규가 일어서서 달렸다. 우우 산기슭을 흔드는 노래로 달렸다.

대밭을 지나며
울먹이는 눈물빛보다 시린 새벽
밤새도록 이슬로 달아놓았던
어머니, 빈 가슴의 등불을 보았다.

디디울나루 홍수

넘치는 황토빛
날름거리는
저 혓바닥

삶도 때로는
저렇게
무서운 것이려니.

달맞이꽃, 디디울나루에서

목마른 사랑을 아는가?

가슴에 흐르는 이슬을 받아
오호 그대는
샘물처럼 냇물처럼
뜨거운 사랑을 적시며
꿈결에도 물소리로 신열을 적시며

기다림의 불꽃을 깨우는구나.
무량의 세월을 손꼽아
메아리로 눈뜨는 사랑을
사랑하기 전엔 깜깜했던 길
이제 꽃불로 환한 사랑을
머리 풀어 밝히는구나.

그리운 이여
이 산하에 태어나서
내 강토 푸른 하늘을 기도하는
결고운 피리소리

애절한 꽃노래로
새벽의 창문을 두드리며

비로소 그대
달맞이꽃으로 피어
먼먼 기다림
보고픈 한 송이 꽃으로 섰는가?

공산성(公山城)에서

이끼 푸른 돌 하나에 땀방울이 엉깁니다. 물집으로 부르튼 석수(石手)의 손바닥이 드러나, 춤추는 잡목림 굽이마다 피멍울 맺힌 목도군 살가죽 벗겨진 어깨뼈가 일어섭니다.

백제(百濟)의 우울한 상처 속에서 아직도 들려오는 말발굽 소리가 함성으로 불타고 있습니다. 물결 이는 맥박이 뜨거운 가슴을 식히며 면면히 넘치는 천년을 지키는데, 돌과 돌 사이에서 부서진 혼백이 외칩니다.

잘려진 손가락이 여기 있다. 찢어진 손바닥이 여기 있다. 깨물린 울음으로 사직(社稷)만을 우러르던 왕국(王國)의 추운 백성들이 깃발을 올립니다. 바람에 펄럭입니다.

사랑 고백

찌 찌르르 찌 찌르 찌르 디디울나루 백사장에 나서세요. 담결(淡潔)한 물살 속에 청량(清凉)한 속삭임이 넘실거려요. 피라미 떼 유영, 살금살금 다가와서 발목을 간지럽히는 대화가 아름다워요. 찌르 찌 찌르 숨겨둔 모르스 부호로 그리움을 전하는 강변의 술래잡기, 뜨겁게 입맞추지 않아도 사랑을 나눌 수 있어요. 담결한 물 속에서 찌르 찌 찌르 아무도 모르게 전하는 은빛 사랑의 고백, 살 비비며 불타지 않아도 빛나는 사랑이 여울져요. 찌르 찌 찌르 그대 사랑이여, 떨어지는 노을빛을 배웅하며 강변을 떠날 때까지, 피라미 떼 은빛 유영, 남몰래 나누는 사랑의 모르스 부호에 행복할 수 있어요. 찌르 찌 찌르 그대 사랑이여, 그대 꿈길에도 은빛 피라미 떼가 되어 사랑의 모르스 부호를 보내요. 찌 찌르르 찌르 찌 찌르르.

흐르는 강물을 보며

강물이 흐르고
쉼 없이 계절도 바뀌었다

추억만 언제나 제자리
동동걸음이다

꽃대궁

바람이여, 그대는
어쩌자고 햇살마저 흔드는가.

물결이여, 그대는
어쩌자고 잊은 노래를 되살리는가.

디디울나루에 서면
영혼의 꽃대궁이 흔들린다.

디디울나루 모래톱에서

모래톱에 찰랑이는 물결이
디디울나루에서 옹아리를 한다.

돌아올 수 없는 길, 멀리 떠난 범수의 목소리가 들린다. 공연한 그와의 다툼질이 옹아리에 겹친다. 간경화라던가 디스토마라던가 시커멓게 죽어간 사공 할아범, 그의 대물림 아들 사공과 소리 높여 겨루던 대거리가 겹친다.

'그래, 좀 참았어야 했는데.'

꼭두새벽 고단한 도선(渡船) 길에도 지치지 않던 친구들, 그리운 목소리가 들린다. 눈빛 선하던 아우들, 깃발 같던 형님들의 모습이 살아난다. 물빛에 녹아 어룽거린다. 배를 타려고, 빈 도시락 소리 달그락거리던 하교 길이 보인다.

'그렇게 정겨운 추억이었는데.'

하지만 누구보다도, 이 세상 누구보다도 그리운 사람, 들깨 꽃내음보다 향기롭던 사람, 강바람보다도 상큼하던 사람, 그 사람이 모래톱에서 웃으며 일어선다. 하얀 이가 가지런하던 그 사람이 하얗게 웃으며 물결을 밟고 온다.

이 가슴에 그리움이 자라서
디디울나루 물결 사이 흔들린다.

백제는 추억으로 길을 낸다

길을 내고 있었다.
미명(未明)의 안개 속에서 물결소리가
새로운 길을 내고 있었다.

온밤을 뒤척이던
밀밭 향내로
복숭아 꽃 향(香)으로 강을 건너
무령왕 목침 위에 누운
왕의 잠속에까지 찾아가
짙은 안개 속에 길을 내고 있었다.

더러는 왕의 옆에 누워
세상의 영욕 모두 버린 채 잠든 왕비
왕비의 귀걸이 속에도 찾아가
저 혼자 웅웅거리다가
향기로운 입김으로 속삭이다가
왕릉 솔숲에
길을 내고 있었다.

못 다한 인연의 강가
백사장을 오르내리며
물비린내 지늘키는 오후
백제의 음영(陰影)이 아직도 남아 있는
충남 공주시 디디울나루
나루터 물빛 젖은 소리가
그대의 가슴을 찾아
속삭임으로 환생하고 있었다.

디디울나루 가을밤

가을로 가는 들녘은 풀벌레 소리를 안고 있습니다. 수숫대 마른 대궁 사이로 얼마 남지 않은 생명을 저토록 풀어내고 있습니다.

어둠 속에 설핏 드러나는 길을 따라 걷다보면 어느새 강물 소리가 들립니다. 서두르는 발걸음 따라 조락한 낙엽 몇 잎이 추억을 굴리고 있습니다.

강가에 이르러 부스스 잠을 깨고 나온 하현달이 어둔 세상의 낙담한 눈물을 반짝이게 합니다. 찾아 나선 길은 열리지 않고, 찾아 나선 사람은 세월 속에 꽁꽁 숨어 있습니다.

가을 들녘, 추억이 갇힌 칠흑 어둠을 뚫고 불쑥 솟구치는 힘으로 그대를 찾습니다. 생애의 온 별빛을 모아 이 밤을 밝히고 싶습니다.

어부슴

지등(紙燈) 불빛이 차갑다.
강심 얼음을 깨뜨렸다.
얼음 밑에는 물이 흘렀다.
겨우내 굶주린
물고기의 허기를 지우기 위해
시루에 익힌 조밥 몇 술 던졌다.
작은 정성을 베풀면서
마음은 슬퍼져 눈물이 나왔다.
나는 누구의 어떤 선심에 감읍하며
시린 손으로 살고 있는가.
사방으로 둘러싸인 얼음벽에
작은 구멍을 내고
굶주린 나의 허기를 지우며
만족한 웃음을 짓는 자는 누구일까.
또 그를 길들이는 자는
과연 누구일까.
해답 없이 겨울밤을 꼬박 새웠다.

* 어부슴 : 음력 정월 대보름에 겨울 동안 굶주렸을 물고기에게 밥을 주는 보시의 하나. 필자는 철장을 들고 가 얼음을 깨고, 어머니는 산천에 절을 한 후, 조밥을 떠서 얼음 구멍을 통하여 물고기에게 먹이로 주었음.

청청나무 헌사

꺾이어 수렁에 버려져도
질기디 질긴
말뚝으로 남겠다.

깎을수록
날이 서는 말씀으로
바람의 골짜기에 송두리 박히겠다.

퍼붓는 소낙비
밀리는 물사태를 막으며
찢어지는 봇둑을 지탱하며

다시 한 번 살기 위해
끝끝내 살기 위해
심장의 터럭까지 뿌리로 내리겠다.

디디울나루 겨울 아침

여명의 고운 날빛을 따라
길을 나서면
어둠을 거두어 내는
그대
싱싱한 눈빛을 만났지.

바람에 떨리는 미류나무
부스스 몸을 터는
떡갈나무 사이
까치집처럼 앉아 있는 외딴집
그대 미소가 고왔지.

눈 쌓인 디디울나루
겨울 아침
눈에 묶여 강변을 서성여도
그대 있음에
발길은 가볍고 행복했지.

계룡산 초가을

계룡산 초가을
눈부신 아침 마당

쓰르라미 소리에
깃을 터는 연천봉

월견초
노란 꽃초롱에
그리움을 담는다.

* 단형 시조

2부

움싹의 하늘

길

나는 가랴
먹줄 그은 대로

아니면
나무결 따라 한 세월
가랴

아직
부엉이는 울고.

소나기

수많은 풀과 나무들이
입 다문 채
허리를 굽힌다.
풀머리를 우겨대며
바늘구멍으로 몰아온 황소바람이
사운대는 목소리,
귀 떨어진 황토 벼랑에
토사(土沙)로 흘러내리는 목마름,
부서지고 흩어져 앙상한 바람소리
안타깝게 걸어놓은 바람소리.
보이느냐, 풀과
나무들이
하상(河床)을 무겁게 막아서서
새로이 돌리려하는 물줄기가
보이느냐, 퍼렇게 부릅뜬 눈으로
외쳐댈 때마다
금이 가는
하늘 하늘 하늘.

혼(魂)을 부르며

자리를 잡지 못해 떠돌다가
눈치보며 서성이다가
뿌리 내린 돌,
밟혀 더럽혀진 머리털을
애꿎게 빗어 넘기며
몸살을 이겼지.
어제의 시대가 펴올린
비틀, 비틀걸음
한낮의 숨결 층층 메마른 입김이
잡초 무성한 공터에서
갈증을 사루며
상처난 바람을 싸매었지,
눈 먼 혼을 부르며.

정오(正午)

말 더듬는 연습(演習) 힘 겨워
솟아나는 신열(身熱)

장승처럼 우두커니 서서 잡설(雜說)이나 듣고 넘쳐 쌓이는 쓰레기를 본 체 만 체 살아야 하는가

고향이 보인다. 눈 감으면 굽은 논둑 개구리 울고 스르륵 율무기 뒤따르는 대낮

어둔 눈 더욱 어둡게
바짝 오르는 절규(絶叫)의 수은주(水銀柱).

응급실(應急室)

먹구름이 가실까
얼굴과 얼굴 사이로 쳐다보지만
속살을 헤집으며
천둥은 울고

빗줄기 사이 사이
사르비아 새빨간 혼(魂)이
오한(惡寒)에 떠는
어룽진 하루, 언듯 스친 사람.

통천포에서

나래를 쳐야지
창공을 훨훨 날아야지
속으로만 살아나는 불꽃이 일어
붉은 꽃물로 넘치는 가락

개울가에 절며 절며
서럽도록 하얗게 바래버린
소리의 토막을 씻으며
물은 여린 가슴을 저미었다.

조약돌 주워든 아이들이
힘겹도록 내친 물방울
물방울의 너울 둘러쓰며 둘러쓰며
무거운 나래가 비척거렸다.

다리 부러진 황새 한 마리가 있었다.

움싹의 하늘

제 몫은 무엇입니까?
모두 거두어간 빈 자리
벼 밑둥에서 움싹이 돋아납니다.

바람이 심술을 부립니다.
바람이 쓸어엎고 지나갑니다.
그래도 남은 한 자리
우렁이가 숨어버린 땅 속에는
따스한 입김이 있습니다.

눈물이야, 쏟아지는 눈물이야
티없이 깨끗한 하늘을 갖고 싶어서
이기는 자가 되고 싶어섭니다.

여름내 보채던 풀벌레소리
한 풀려 잠자는데
왜놈 매질에 지쳐 가신
할아버지 혼백이 외칩니다.
바람이 차갑습니다.

홍역(紅疫)하는 강

둑은 강심에 밀려 있다.
낯선 얼굴로 바람이
널뛰기할 때마다
현수막은 둥둥 떠다닌다.
강물이 누워 있다.
강물이 앉아 있다.
강물이 서성거리며 코를 푼다.
강물이 강물을 삼키고 삼키면
여뀌 풀 숲 종다리
하늘로 숨는다.
가릴 것이 없어서
가진 것이 아무 것도 없어서
벌거벗은 몸이 부끄럽지 않은
하늘은 푸르지 않다.
무분별한 죽음으로 돌아본다.
가쁜 숨 멈추고
세상 끝 절벽을 망치질하며
제 꾀에 제가 넘어가고 있다.
강은 계속 뜨거운 손을
신경질로 휘파람 부는 손을

타고 남아 또 타고 있는
숨소리까지 온통 태워
타인의 핏줄 같은 손을 내놓고 있다.
보아라, 침묵하고 있을 때
활활 타오르는 풀벌레소리
침묵을 허물고 타오르는
벙어리 목메인 소리.

말씀

우리의 모든 아버지들은
빈 껍데기만 허물처럼 남겨놓고
어디론지 떠나버렸다.
뿔뿔이 흩어진 우리들은
제멋대로 쏘다니다가
황량한 들판에 서서 이제
겨우 하늘을 본다.
아버지의 얼굴은
불그락 푸르락하다가 어떤 때는
시커멓게 죽어 내린다.
생시에 듣던
아버지 말씀이 눈꼬리에 맴돌다가
간간히 찬 물을 뿌리기도 한다.
모든 우리의 아버지
아버지의 아버지들은 빈 껍데기만 남겨놓고
어디론지 떠나버렸다.

갈채의 숲

총 끝에
참새를 올려 놓았다.
방아쇠를 당기면
저들의 체온은 어디로 갈까,
어디로 사라질까.

겨눈 참새의 심장에
일제(日帝)의 총탄이
둥둥 떠있다.
스페인 일렬횡대 총구(銃口)가
잉카의 웃음을 허물고 있다.
팔레스타인 핏기 잃은 발길이
베트남 나라 앗긴 뱃고동이
어지럽게 돌고 있다.

총구(銃口)를 내리며
호흡을 풀고
신선한 날개를 파닥이는 방생을 본다.
상기되어 타오르는
갈채의 숲.

디디울나루 연가

언제부터 가꾸었을까
꽃비처럼 여린 순정

별빛까지 되살리는
지순(至純)한 사랑으로

세월에
묻힌 추억이
깃을 치는 환희(歡喜)여.

* 단형 시조

3부

싸락눈 내리는 날은

3월(三月)

실비 내리던 날
열어제낀 내실에서
바람소리가 눈뜨고 있었다.

까치발 세워
낮은 하늘을 둘러보며
찾아오는 이 있는가,
애타게 기다리던 손짓.

돌아보는 사람 없어도
가슴을 열기 위해 오늘의
꽃송이는
다시 웃고 있었다.

아이의 공간(空間)

치악산(雉岳山) 중턱
가파르게 오르내리는 숲에서
피 흘리며 싸우는 새는
하늘이 좁았다
치솟다가는 부서지며 쪼고
할퀴는
숨가쁜 생존(生存)의 조항(條項).
하늘은 넓은 광장(廣場)이지만
좁은 공간(空間)을
좋아라 아이들이 손뼉치고 있었다.

겨울 징소리

목소리도 얼어 붙습니다. 모두
잠들어 쉴지라도
몇 마리 새는 깨어 있어야겠지요.
맨발로 겨울을 지내는 까치떼마저
울지 않으면
가슴의 살얼음은 누가 흔듭니까?
서릿발 속에 갇힌 보리싹은 누구의
노래로 일어납니까?
“언젠가 봄은 오겠지
동지 선달 정이월 지나면
기다리는 봄이야 오겠지.”
아버지 징채처럼 깔끄러운 손 비비며
참는 법을 익힙니다만, 이제
풀리지 않는 언 가슴에
징소리가 울립니다.
찬바람 흔들며 겨울에도 징소리는
갈기를 세워야겠지요.

학(鶴)

시린 손등에도
어김없이
후두려대는 가을 진눈깨비

하얀 서름을
외발로 버티는 너
접은 나래를 펴지 말아라 말아라.
뛰놀아야 할 가슴의
잔디밭에
차단기는 내렸다.

인색한 사랑으로야
바램의 반에 반이나 따르겠느냐?
디오게네스 스프 속
한 줌 콩이
비밀스레 웃었다.

빈사(貧沙)의 아침

지평선(地平線)을 가르며 분출(分出)하는
찬연한 인고(忍苦)의
아우성
빛의
법열 속에 꽃 피던
향수 어린
역사의 가교(架橋)

까치가 울지 않아 찾아 올 손님도 없다.
바람이 불지 않아 날리는 모래도 없다.
자동차가 없어 매연도 없다.

딸꾹질하듯
하루가 갈 때
먼 먼 낙토(樂土)를 그리며
시공(時空)을 가르는
분주한 발가락 사이
갈기 세워 꿈을 찾는
타조(駝鳥)의 아침

세풍(世風)

달팽이 더듬이에
색다른
무지개가 서면
엇갈려 휘몰아치는 소용돌이
손자 귀염이
할애비 수염을 뜯고

열망(熱望)이 비상(飛翔)하는
등심(燈心)의
높푸른 한가운데
처녀(處女)여
아들은 누구를 닮았나?

달팽이 더듬이에
촉(觸)나라
만(蠻)나라
서로 싸우더라마는
땅을
걸고 틀더라마는.

하지(夏至)

깍아지른 빌딩 옥상에는
부황들어 부푼 애드벌룬 하나가
골목 골목을
기웃거리고 있었다.

엿장수 가위소리에
몰려든 아이들의 빈 병마다
닳아 해진 아버지 메리야스 구멍이
쓸어 담을 수 없는 욕망으로
허허대는 대낮.

질주하는 세단(sedan)의
검은 크락숀 소리가
뛰어놀던 아이들 고무줄을 감으며
달아나고 있었다.

상념(想念)

소름끼치는 아픔을
털어내듯
문풍지를 찢어내렸다.

얼룩진 어제의 바람이
터진 손등
틈서리 비집고
작대기 촉같은 빛으로
장다리 꽃대궁에
시퍼런 칼날을 내리쳐도
살아나는 환영(幻影).

애써도
채울 수 없는 늪이런가
조각난 마음을 깁고 싶다.

싸락눈 내리는 날은

세모(歲暮)의 허기진 캐럴(carol)
욕설의 빚더미
젖은 상채기
휘둥그런 눈동자
잊혀진 활자(活字)
싸락눈 내리는 날은
아내와 자식과 명예와 재산,
몽땅 앗기고도
여호와를 찬양한 욥(job)이
몸살나게 그립다.

거울

비로소 본다. 매일같이 들여다보고 얼굴을 뜯어 고치는 여인의 화장이나 씻을 수 없는 문신의 罪를 가리고 있는 수의(囚衣)가 보인다. 있는 그대로를 보여주는 량심의 거울 앞에 서기를 누구나 저어 하지만 그들의 내심을 환히 알고 있다.

문을 열고 거울에 들어서면 안 보이던 말뚝이 산발로 달려든다. 진실한 모습이 슬퍼서 응어리를 풀지 못한 채 두둘기어 벗겨진 껍질이나 매만지며 속의 진실을 보려고 한다. 길고 짧은 사지(四肢)의 몰골로 억지로 맞추며 높은 발치를 자꾸만 박아 낮추는 어설픈 술수의 하늘 아래

알몸을 드러내어도 그네들의 스스러움이 아님을 굳게 믿었던 아담과 이브는 말한다. 어둠을 숨겨 두고 무수히 쏟아지는 투명한 햇빛만을 보는 것을 득도(得道)한 성자(聖者)에게 어울리는 후광(後光)만을 우러르는 어리석음이다. 빛 속에 감추어진 어둠을 똑바로 보았을 때 양심(良心)의 뜰에 있다.

아비지(阿非知)씨에게

그대는 누구입니까?
그대의 손은, 그대의
눈은 어느 곳에 머뭅니까?

그대의 귀는
돌의 신음이 들립니까?
쪼을 때마다, 깰 때마다
떨리는 소리가 들립니까?

어느 곳으로 가고 있습니까?
가는 그 길이
다시 못 올 길임을 알고 있습니까?

그대가 세우는 탑만큼
가라앉습니다.
그대의 백제(百濟)가
무너져 내리고 있습니다.

마곡사 점묘

골짜기 물을 따라
반야심경 읊는다.

부처님 염화미소
연꽃을 가꾸는데

마곡사
일주문 지나
마중 나온 바람들

* 단형 시조

4부

연을 날리며

돌

하늘
쳐다보며
꼭 한 번만 날자고.

훗날려
가루가 된다 해도 절절한
소망(所望)

바람
앞에 서서
가벼운 날개나 되자고.

연을 날리며

성긴 눈발 사이
먼 골짜기에서 불어오는
큰 숨소리가
가마득히 걸려 있다.
움켜쥔 굵은 힘줄마다
구겨진 어제
툭툭 털어 비질하는
가만한 기쁨.
눈부신 햇살을
풀며 감으며
나를 잊고 있다.

텃새의 하늘

결백(潔白)의 창에 빛이 내리면
날개죽지의 고단한 선율(旋律)을 타고
그림자로 온다.

철새는
여름의 풍요 속 빈곤(貧困)을
찾아왔다 돌아 가거나
겨울의 사멸(死滅) 속 생성(生成)을
찾아 왔다 돌아 가거나

구르듯 물소리 정갈한
시냇가 돌 틈에서,
찔레꽃 가시망에서,
노린내 나는
갈매기촌 빨랫줄에서,
철수하는 미군의 포성 속에서,
삶의 하늘 켠켠마다에서,

텃새는
푸른 목청을 돋운다.

손뼉소리

대숲소리에 얽어맨
종이 연 하나
마른 벌 불 붙듯이
푸장나무 활활 타듯이
숨가빠 운다.

갈테면 가라지
흐르듯 계절처럼 가라지.

야포(野砲)의 불길에 살아난
젊음의 손뼉소리가
모래톱 파도치듯이
파란 사념(思念) 하얗게 부서지듯이
속울음 운다.

가슴이 터져
가슴의 한(恨)이 터져
실어증(失語症) 걸린 딱따구리는
나무나 두드리고

마냥 달음질치는
생활(生活)이 차가와서
아프도록 차가와서
천만겁(千萬劫) 퇴적된 먼지나 털며
가슴 속에 교접(交接)하는
인종(忍從)의 불씨.

굴비 몇 마리가

막차를 탔다.
읍내 장날이었는지
굴비 몇 마리가
바닷바람을 몰고 왔다.
정박한 목선 곁에
사시랑거리는 게
해삼과 소주와 파라솔
싱그레 웃는 처녀가 넘실거린다.
손 바쁜 해녀의 자맥질이
장구럭에 담긴다.
시골의 흙냄새가
차창을 때려도, 때려도
어물전 좌판에 풀리던 입김은
물풀로 자라고 있다.
뭍에서 섬
섬에서 뭍을 보면
그리운 '모세'의 지팡이.

동심(童心)의 안개

안개는 아침마다
하품하며 잠을 깬다.

물레에 감기는
하얀 실꾸러미가
돌돌 풀리듯
딸꾹질하며 춤추듯
오솔길을 나선다.

안개는 산에서
농부의 괭이를 씻으며
닭소리에 놀라
기지개 켜며 일어선다.

심산(深山)

나뭇잎새 흐르는 바람에도
귀를 크게 세우며 토끼는 살았다.
산비탈 구르는 잔 돌이며
느닷없는 딱다구리 부리짓에도
개암나무 숲 그늘에
숨어 지냈다.
산짐승 이빨 같은 휘둥그런 무서움
언제나 뒤따라 다니지만
용케도 살아남을 수 있음은
칠흑같은 밤이 있기 때문이다.

아이들

고갯마루 힘차게 올라
키 자랑하는 미류나무 끝
새끼 까치 놀래주던 바람

강가에서 멱감은
해맑은 얼굴로
시원스레 펼쳐진 들판을 달리다가
두두둑 깻다발 흔들며 흔들며
개구장이 같이
마을 어귀로 숨어버린 바람을

아파트에서 자란 아이들은 알 길 없어
꿈에조차 그릴 줄 모른다.

목소리

차창에 얼비친 어둠
공주로 줄달음치는 버스 안에서
어릴 적 뛰놀던 마당이 보인다.
마당가 땡감나무가
춤
어깨춤 들썩이고
상투 말아 올린 영감 댑싸리 들고
차창 저 편에서 눈을
부릅뜨고 있다.
담장 너머로 꼭꼭 숨던
머리카락 찾아
고이헌 놈, 고이헌 놈들 소리치던
목소리 들린다.
또 한 번 가슴이 철렁 내려 앉았다.

독자(獨子)

고추잠자리가
우물가를 맴돌고 있었다.
수많은 꽃들이
허리 펴고 웃는 소리가
실처럼 풀리는데,
등불처럼 가슴을 열고
조였던 가슴을 풀고
아장걷는 아이
물 속의 또 한 손을 잡았다.
혼자는 서러워서
서러워서.

* 조카의 죽음을 돌아보며.

그해 가을

자갈길을 뛰느라 버스는 덜컹거리고
때묻은 커튼 사이
풋풋한 사과밭이 보였다

내밀(內密)한 언어를 간직한 채
깊은 가슴의 벼랑을
굴러
묻어나는 기억

양지 바른 텃밭머리
참새떼 소리
아슴히 보이고

누군가 애기를 업고 서있는
토담 곁을
가슴 설레며 지나고 있었다.

제일(祭日)

어둔 곳으로
한 걸을 들어서면
향연(香煙) 저 편으로 물러서서
풀무질하는 얼굴이 있다.

옷깃 부여안고
밤새
지새우고 싶은데
낯선 바람의 층계에서
황망히 투영(投影)되는
서러운 앙금.

부엉이의 울음이 아니라도
가슴이 저리도록
아하 생풀 타는 아픔의
진한 그림자가 보인다.

별에게

그대를 마주하면
마음 또한 정갈하다.

어두워진 하늘을 기도로 씻어내며

깨끗한 세상을 바라
손을 모은 새벽길.

* 단형 시조

5부

할머니의 세월

아버지네 마당

연탄재나 털며
서민 아파트
계단이나 오르내리던 아내는
미류나무 하늘 높은
아버지네 풋풋한 땅냄새를 맡고 있다.

보릿짚 푸숙푸숙 태우며
밥 짓는 아내여
그대는
얄팍한 월급봉투를 잊었는가,
가슴의 벽은 허물어졌는가?

두레박 깊이 깊이 퍼올리는
솔바람
앞산의 두견이
옛날 그대로의 음색이다.

붓꽃

남으로 난 창 밖에 어머님은 붓꽃을 가꾸셨습니다. 어린 시절 뜨락에 맴돌던 나비 따라 가셨다가 잡으신 꽃이라고 하셨는데 육순(六旬)이 다 되시도록 잊지 않으시고 작은 포기를 나누시며 정성이신 어머님. 고운 손 흔들며 바람과 놀다 행여 다칠세라 보듬으시더니 다 자라 포기까지 나눈 이놈의 머리를 쓰다듬으시며 눈물로 웃으실 때, 어머님, 당신의 야위신 무릎을 베고 나비 따라 갔다가 붓꽃을 만났습니다. 그것은 어머님 얼굴, 사랑꽃이었습니다.

그날의 외침이

습도를
잴 수 없는
할아버지 기침.
솔기 바른 옷처럼
곧곧이
보여주신
왜놈 순사의 맷자국은
진단서가 없다.
신음의
호진 냄새가
옥 밖을 나가
새소리도 뿌리던
그날, 그날의 외침이
오늘 다시
손짓했다.

할머니의 세월 · 1

아무도 거들떠 보지 않는
찌든 반짇고리를 보고 할머니의 넋이
허구한 날 흐느끼고 있다.
헝클어진 세월의 매듭을 풀 때마다
올올이 살아나는 한(恨)이
실낱같이 가늘게 가늘게 울음 울면서
언제까지나 못다한 사연을 말한다.

할머니의 세월 · 2

눈물같은 당산(堂山) 아래
수다스런 우물터에서 할머니는
전생(前生)의 허물을 헹구고 있다.
씻어도 씻어도 씻기지 않는
때묻은 그림자,
그럴수록 깊게 패인 우물이 되어 당신의
퍼런 눈물로 씻어내고 있다.

여운(餘韻)

돌김을 샀다
맑은 물따라 노닐다
칼 끝에 묻어난
상흔(傷痕)이
피어 있었다.

바닷바람이
귀빰을 때려도
무섭도록 아프게 할퀴어도
교만의 자세

돌김 냉국을 마시며
아내는
어떤 얼굴일까,
아이놈은
또 어떤 표정일까?

눈발

선달 그믐밤
사랑채 댓돌에는
할아버지 마른 기침소리가
하얗게 쌓인다.

살아온 세월만큼
눈 감아도, 감아도 환한
별빛 같은 길을
휘청대며 찾아가고 있다.

가뭇거리는 등잔불
가쁜 숨결로 뜨락에
날리고 있다.

익모초(益母草) 옆에서

댕기 풀린 바람이 울고 있습니다.
푸새밭 모서리 버려진 사기그릇에서
부서지는 햇빛이 흐느낍니다.

어이할거나, 이 그리움을
이 숨막히는 마음을 어이할거나.

어머니 손 끝은
호미 녹슬은 날처럼
까슬한 숨결을 토하는데

닳고 또 닳아
부서지고 또 부서져
메마른 땅에 흘리는 한숨으로
바람은 서성이는데

소리로 귀가 열립니다.
빛으로 눈이 뜨입니다.

담자색 하늘에
거꾸로 떨어지는 새떼,
날아야지, 날아야지
심지 돋운 가슴에서
어머니는 꾸러미를 풀어냅니다.
근심을 낱낱이 풀어내어
수를 놓습니다.

동구 밖에서 휘돌던 바람이
안으로 들어갑니다.
풀, 나무, 사슴, 호수, 구름
가득 담깁니다.

익모초 옆에서
쓰디쓴 눈물로 웃어봅니다.

여장사암(女壯士岩)

아무도 오지 않아요.
당신을 보낸 후
바람처럼 보낸 후에는
나뭇골 고갯마루
애끓는 가슴앓이
천 년 총총 까치풀로 자라요.

믿을 수가 없어요
딸도 자식인데
아들과 같은 자식인데
가마솥 탁탁 튀어 고소한
어머니 정성 한 줌 콩이
죽어라 죽어라 덫이었다니요.

무서운 소리였어요.
대성(大城) 들을 지나서
섬바위 어깨에 빗기운 불볕
식히며, 바람결에 식히며
들려오는 자국소리
금송아지 가슴 쥐는 방울소리

아직도 눈부신 인연이 있어요
충남 공주시 우성면 대성리
새마을 길로 잘린
고갯마루에는
전설의 옹알이가 주질러 앉아
불러요, 당신을 불러요.

* 女壯士岩 : 일명 홀길동 바위, 치마바위라고도 불리는데 이 곳 말고도 전국의 도처에서 '오뉘힘내기' 전설로 남아 있다.

송광사(松廣寺) 고향수(枯香樹)

나랑
같이 살자, 나랑
같이 죽자.
삼청교(三淸橋) 씻어내는 바람결로
북소리 남은 입김으로
이르시더니
그리움은 봄날
벚꽃으로 부서졌어요.

어둔 여름
날 새워 보채던
천둥
먹구름 속에서
팔백년(八百年) 깊은 잠을
깨워
그리운
님

그래요 님이 오시면
일어날께요

일주문(一柱門) 비낀 햇살
눈부시면
청량각(淸涼閣)
자루 세운 불길처럼
가슴을
식힐께요.

오셔야 해요.
기다리는 심정이야
모르시면
모르시는 채
그냥 오셔요.
아셔도
모르시는 듯
오셔요.

님께서 버린
지팡이가
아름도 큰 아름
둘이 있어 쌍향수(雙香樹) 사이

대숲 가르는 님의
옷깃 여미는
함성
천자암(天子庵) 지붕 위로
용트림해요.

인연의 질긴 끈으로 매듭진
부도전(浮屠殿) 지붕
해마다 나고 지는
풀잎의 덧없음이여!
삼일영천(三日靈泉) 방울 방울
넘치는 세월
자국 없이 가버린 목마른 자여
불일(佛日) 보조국사(普照國師) 감로탑(甘露塔)
그 속의
진한 체온을 아시나요?

화엄전(華嚴殿) 목판(木板)에 일렁이는
낭낭한 목소리
그래요, 잎이 뚝뚝

떨어지는 날이면
안으로, 안으로 살지는
비사리구시의 늘푸른 유년(幼年)이
가을 하늘을 향하여
손사래침을 아, 보셨나요?

나는 다시 오리라.
잎이
다시 피리라.
얼어붙은 가슴에 뿌리는
소망의 시선
귓부리 녹이며
불어오는 샛바람.

* 송광사 경내의 향나무 고사목. 불일보조국사께서 열반하시며, 내가 다시 올 때 만나자고 한 뒤 향나무도 고사하였는데, 국사께서 오시기를 기다리며 아직도 고사목으로 남아 있음.

충청도 사람들은

충청도
사람들은
모닥불 장작이다.

타는 듯 잠자는 듯
불씨를 지키다가

누군가
기름을 부으면
화산처럼 터진다.

* 단형시조

■ 작품 해설

삶과 인식(認識)의 시(詩)

— 리헌석 시인의 첫 시집에 붙여

문학평론가 송 재 영

(충남대학교 불문학과 교수)

사사로운 인연으로 나는 수년 전부터 리헌석(李憲錫)을 잘 알고 있다. 그는 아직 문단에 생소한 시인이지만 시에 대한 그의 열정은 그 누구에게도 뒤지지 않아 동인지 '도가니'를 앞장서서 펴내는 것을 위시하여 '시도'의 동인으로서 몹시 활발한 시작활동을 벌이고 있다. 그리고 이번에 상재(上梓)하는 첫 시집 『갈채의 숲』은 그 동안 갈고 닦은 작품 중에서 40여편을 정선하여 '시도시인선집'으로 묶은 것이다. 그들 가까이서 지켜보며 그의 문학적 성장을 축원해 오던 나로서도 흐뭇한 기쁨을 느끼게 되는 것은 당연한 인정이리라. 그의 처녀시집에 붙이기 위하여 이 글을 쓰는 이유도 또한 여기에 있는 것이다.

강렬한 개성의 시인, 우리는 물론 그런 시인을 갈구하고 있다. 사람들의 보편적인 감각의 표피를 깨뜨리고 어떤 전율적인 참신성을 유발할 수 있는 시를 기대하는 것은 시인 스스로는 말할 것도 없고, 시를 사랑하는 모든 사람들의 소망일 것이다. 그러나 강렬한 개성이란 문학의 기본조건이면서도 여기에는 두 가지의 단서가 첨가되어야 한다. 첫째는 그것이 유행적인 감각주의(感覺主義)와는 그 패턴을 달리 하여야 한다는 점이며, 둘째는 그것이 함몰되기 쉬운 도식적인 경직성(硬直性)이다. 부언해서 설명하자면 이러하다. 새로운 감각을 표방하기 위하여 한 시대의 말초적 감각에 순응하는 위험성을 어떻게 극복하느냐 하는 문제와, 또 시인 스스로가 믿는 그 〈강렬한 개성〉이 그를 오래도록 구속함으로써 그의 창조적 세계를 획일화시킬 수 있지 않느냐 하는 문제인 것이다.

이와는 반면 처음부터 강렬한 개성보다는 끊임없는 실험(實驗)의 포즈를 취함으로써 새로운 가능성을 보여주는 시, 우리는 그런 시를 사랑한다. 그것은 무엇보다도 정직함을 의미하기 때문이다. 물론 시가 특수한 언어적 구조체라는 것은 아무도 부인하지 못한다. 그러나 그것을 이룩하는 근원적인 힘은 시인의 정신이다. 즉 언어는 정신이라고 할 수 있는 것이다.

위에서 말한 두 가지 시적 유형에 비추어 볼 때 리헌석은 분명히 후자에 속하는 경우이다. 사실대로 말하자면 그는 시가 무엇인지 알기 위해서 시를 쓰고 있다. 마치 시의 득도(得道)를 거쳐서, 시는 당연히 이러한 것이다 라는 식의 전제하(前提下)에서, 그러나 공연한 언어의 파편을 나열하고 있는 시에 비하여 그의 시가 정직하다고 말하는 것은 바로 이러한 까닭에서이다. 사실 그 누가 시가 무엇인지 알고 있으며, 시에 대한 완전한 정의를 내릴 수 있단 말인가? 그 누가 시작법칙(詩作法則)을 설교할 수 있으며, 일정한 세계만을 강조할 수 있단 말인가? 만약 그런 사람이 있다면 그는 시의 파괴자이다. 시는 무한히 자유로우며, 따라서 시인은 시 속에 빠져서 영원히 방황하여야 할 운명을 선고받고 있는 것이다.

그렇다고 해서 이러한 진술에 리헌석의 시적 개성을 전면적으로 부인하는 것은 아니다. 그에게는 무엇보다도 고유한 서정세계(抒情世界)가 자리하고 있다. 단지 그가 아직도 젊음의 열기(熱氣) 탓인지 서정세계(抒情世界)에서 끊임없이 탈출하려는 의지를 보여주고 있기 때문에 그의 시가 전반적으로 갈등의 세계를 드러내고 있는 것이다.

그의 시는 본질적으로 서정성(抒情性)에 바탕을 두고 있으며, 대상에 따라 시적 발상이 다양하게 바뀐다.

> 섣달 그믐밤
> 사랑채 댓돌에는
> 할아버지 마른 기침소리가
> 하얗게 쌓인다.
>
> 살아온 세월만큼
> 눈감아도 감아도 환한
> 별빛같은 길을
> 휘청대며 찾아가고 있다.
>
> 가뭇거리는 등잔불
> 가쁜 숨결로 뜨락에
> 날리고 있네.
>
> —「눈발」 전문

이 시는 농촌적인 서경(敍景)을 제재(題材)로 삼아 지극히 소박한 서정을 표출하고 있는데 전체적으로 이미지의 생활감을 잘 살리고 있다. 특히 처음 4행으로 제시되는 한국 고유의 토착적인 분위기가 구체적인 이미지를 환기시키는 데 충분히 작용하고 있는 것이다. 별다른 기교를 구사함도 없이 순수한 서정을 회화적으로 인상깊게 토로한다는 것은 상당히 시적 훈련 없이는 어려운 일이다.

연탄재나 털며
서민 아파트
계단이나 오르내리던 아내는
미루나무 하늘 높은
아버지네 풋풋한 땅냄새를 맡고 있다.

보릿짚 푸숙푸숙 태우며
밥짓는 아내여,
그대는
얄팍한 월급봉투를 잊었는가,
가슴의 벽은 허물어졌는가?
— 「아버지네 마당」 중에서

여기서 보다시피 리헌석의 서정적 세계는 주변의 현실에 대하여 차츰 관심을 갖게 된다. 「굴비 몇 마리가」, 「여운(餘韻)」 등과 같은 작품들이 이러한 계열에 속하는 것들이라 할 수 있는데, 이것은 도시 생활인으로서의 일상적 체험을 솔직히 표현한 순수서정의 표출이라 할 수 있다. 아버지와 아내, 그리고 아이들에게 둘러싸인 가족적 단위로서의 시인이 겪어야 하는 기쁨과 슬픔, 그리고 그것들의 어긋남이 어떤 과장이나 기상(奇想)을 보이지 않으면서 소박하게 묘사되어 있는 것이다.

그러나 그의 서정시가 가장 감동적으로 읽히는 부분은 그것이 향수와 열정을 주제로 삼고 있을 때이다.

①
아무도 오지 않아요.
당신을 보낸 후

바람처럼 보낸 후에는
나뭇골 고갯마루
애끓는 가슴앓이
천 년 총총 까치풀로 자라요.

②
나랑
같이 살자. 나랑
같이 살자.
삼청교(三淸橋) 씻어내는 바람결로
북소리 남은 입김으로
이르시더니
그리움은 봄날
벚꽃으로 부서졌어요.
〈중략〉
그래요 님이 오시면
일어날께요.
일주문(一柱門) 비낀 햇살
눈부시면
청량각(淸涼閣)
자루 세운 불길처럼
가슴을
식힐께요.

①은 「(여장사암(女壯士岩)」의 첫 연을 인용한 것이고 ②는 「송광사(松廣寺) 고향수(枯香樹)」에서 첫째와 셋째 연을 따 온 것이다. 이 시의 직접적인 대상은 어느 전설적인 바위와 또 어느 절간에 있는 특정 나무이다. 그리고 작품의 주제는 향수 혹은 사랑이다. 그것은 끊임없는 기다림의 자세로 나타나는데, 보다시피 이 기다림의 이미지가 매우 애절하면서도 폭발적인 언어로 형상화되어 있다.

위 두 작품은 전체적인 구조면에서 볼 때 위태로운 균형이 몇

군데 눈에 띄는 것이 사실이지만, 그러나 그러함에도 불구하고 이미 지적했듯이 리헌석의 시편 중에서 가장 인상적이며 개성적으로 느껴진다. 정제된 언어, 참신한 이미지, 그리고 무엇보다도 감각적인 열정이 그의 서정세계를 팽팽하게 지탱하고 있기 때문에 이러한 패턴의 시에 상당히 익숙한 독자에게도 전혀 새로운 모습으로 비치는 것이다.

그러나 리헌석은 고풍(古風)스러운 향수의 세계에 안주(安住)하기를 거부하고 서서히 자의식(自意識)에 눈뜨기 시작한다. 거기에는 물론 상당한 내면적 반향이 있었던 것으로 짐작된다. 〈자리를 잡지 못해 떠돌다가/ 눈치보며 서성이다가/ 뿌리 내린 돌〉〈혼(魂)을 부르며〉라고 그 자신은 표현하고 있지만, 사실은 그의 혼(魂)이 완전히 〈뿌리 내린〉 것은 아니다. 그것은 그가 시인이기를 그만 두고자 할 때 가능할 뿐, 시적 명제(命題)와 마주할 때 그의 의식은 더욱 방황하고 치열한 갈등의 반복을 체험하는 것이다. 더구나 그것은 그가 아직도 꾸준한 실험의 단계에 있기 때문에 매우 다양하게 나타나는 것으로 보인다.

우리의 모든 아버지들은
빈 껍데기만 허물처럼 남겨놓고
어디론지 떠나버렸다.
뿔뿔히 흩어진 우리들은
제멋대로 쏘다니다가
황량한 들판에 서서
겨우 하늘을 본다.

— 「들녘의 말씀」 중에서

리헌석이 최초로 자아(自我)에 눈뜨게 되는 것은 이 시에서 보다시피 버려진 존재에 대한 인식에서 비롯된다. 이를테면 아버지에게서도 버림받고 〈황량한 들판에〉 홀로 버려졌다는 자각이 그로 하여금 무서운 고독을 잉태하게 하며, 여기에서 그의 시는 차츰 내면적 세계에 관한 관심을 갖게 되는 것이다. 그리하여 그는 〈소름끼치는 아픔을/ 털어내듯/ 문풍지를 찢어 내렸다〉(「상념(想念)」)라고 진술하고 있는 것으로 보아 그의 자의식에 쌓이는 고뇌를 언어로 털어내기라도 하듯이 시를 쓰기 시작한다.

> 나래를 쳐야지
> 창공을 훨훨 날아야지
> 속으로만 살아나는 불꽃이 일어
> 붉은 꽃물로 넘치는 가락
> 개울가에 절며 절며
> 서럽도록 하얗게 바래버린
> 소리의 토막을 씻으며
> 물은 여린 가슴을 저미었다
>
> — 「통천포에서」 중에서

이것은 자의식의 고뇌에서 해방되어 그의 삶을 끌어갈 수 없는 시인의 서러움을 잘 나타내 주는 구절이다. 특히 〈붉은 꽃물로 넘치는 가락〉이라는 구절에서 우리는 강물에 맺힌 한(恨)과도 같은 시인의 가슴앓이를 진단해 볼 수 있는 것이다. 그의 시에는 비교적 물의 이미지가 자주 등장하고 있는데, 그것은 전반적으로 그가 관조적인 입장을 취하고 있기 때문이다. 다시 말하자면 유연히 흐르는 물의 이미지를 현실의 삶과 비교하여 시적으로 형상화하는 것은 매우 당연하기 때문에 그런 것으로 느껴진다. 「홍역(紅疫)하는 강」이라는 작품을 위시하여 기타 군데군데 보이는 이러한 이미지의 사용은 그의 시에 새로움을 더해주고 있는 것이다.

그러나 최근작을 보면 리헌석의 자의식은 그 표피(表皮)를 뚫고 사회와 역사를 향해서 치열하게 눈뜨고 있는 것 같다. 특히 이 시집의 제목이기도 한 『갈채의 숲』이라는 작품에서 그러한 면이 가장 두드러지게 나타나고 있다.

총 끝에
참새를 올려 놓았다
방아쇠를 당기면
저들의 체온은 어디로 갈까
어디로 사라질까.

겨눈 참새의 심장에
일제(日帝)의 총탄이
둥둥 떠있다
스페인 일렬횡대 총구(銃口)가
잉카의 웃음을 허물고 있다
팔레스타인 핏기 잃은 발길이
베트남 나라 앗긴 뱃고동이
어지럽게 돌고 있다.

총구(銃口)를 내리며
호흡을 풀고
신선한 날개를 파닥이는 방생을 본다
상기되어 타오르는
갈채의 숲.

— 「갈채의 숲」 전문

〈총 끝에/ 참새를 올려놓았다〉 라는 초두에서 충분히 짐작할 수 있듯이 이 작품의 강렬한 주제는 극명하게 표현돼 있다. 약육강식(弱肉强食)의 세계사적(世界史的) 진실을 다소간 경직되게 진술하고 있지만, 그러나 그의 의도는 분명하다. 문화를 파괴하고 어린 생명을 빼앗는 전쟁에 대한 혐오감이 구절구절에 스며 있는 것이다. 그리고 굳이 이 작품을 시집의 제목으로 택한 것으로 보아 그가 근래 역사적 현실성에 대하여 얼마나 예민한 반응을 보이고 있는가를 또한 쉽게 짐작할 수 있다.

이미 초두에서 말했듯이 리헌석은 이제 시의 길을 출발하는 시인이다. 따라서 현단계로서 그에 대한 전반적인 평가를 내린다는 것은 불가능한 일이며 또 그렇게 해서도 안된다. 그는 무한히 변화하고 발전할 수 있는, 그러므로 아무도 예측할 수 없는 가능성을 안고 출발하는 시인이다. 아울러 이 글을 읽는 독자들도 그에 대하여 편파적인 고정관념을 갖게 된다면, 그것 역시 그의 미래를 지켜보는 데 방해가 될 수 있다.

시인은 무한히 자유로워야 한다. 진심으로 그의 시집 간행을 축하하며, 그의 시업(詩業)이 더욱 증진되기를 바란다.

❑ 후기(後記)

누군가 물었다.

너는 왜 시를 쓰는가?

대답했다.

시를 모르기 때문에 쓴다. 보이지 않기 때문에 쓴다. 내적 충동이 주먹질하고 외적 상황이 둘러싼 채 쓰라고 한다. 어쩌면 신기루라도 잡힐 것 같아서 쓰는지도 모른다.

비오는 날 달팽이를 보았다.

껍데기 속에 깊이 묻혀 있던 머리가 기어나와 돌아다녔다. 비오는 날이면 신나게 사래치는 달팽이 같이 그렇게 시를 쓸 것이다. 빈 껍데기만 남을 때까지 쓸 것이다.

돌아보니 빚으로 살아온 세월이다.

부모님의 사랑으로 보호되어 자랐다. 은사님의 넓고 깊은 은혜로 눈이 띄어졌다. 많은 분들의 이해와 격려로 달릴 수 있었다. 사랑과 은혜의 숲에서 늘 빚만 지고 살았다.

부모님, 은사님, 그리고 인연의 끈에 맺은 여러분들의 사랑과 은혜를 나는 누구에게 빚지울 것인가?

몇년 동안 발표했던 작품들을 나름대로 묶어 보았다. 지금까지의 자신을 정리해 보겠다는 것과 갚아야 할 빚을 조금쯤 덜기 위하여 서둔 작업이다.

첫 딸을 낳았을 때만큼 기쁘다.

다음에 아들을 낳았을 때만큼 기쁘다.

책이 나오기까지 많은 분들의 도움을 받았다.

기꺼이 서문을 주신 임강빈 은사님, 해설을 주신 송재영 박사님, 사진을 주신 김종환 선생님, 표지를 맡으신 홍석출 화백, 편집을 맡으신 지광현 선생님, 교정을 보아주신 동인 여러분, 신문학사 한철수 사장님, 감사한 마음으로 손을 모은다.

끝으로 문단에 이끌어주신 박희선, 박재삼 선생님께 감사드린다.

1982. 12. 초순

갈채(喝采)의 숲

리헌석 시집

초판 발행일 | 1982년 12월 15일
증보판 발행일 | 2014년 5월 5일

지 은 이 | 리헌석
발 행 인 | 李憲錫
발 행 처 | 오늘의문학사
출판등록 | 제55호(1993년 6월 23일)
주　　소 | 대전광역시 동구 삼성1동 125-6 한밭오피스텔 401호
전화번호 | (042)624-2980
팩시밀리 | (042)628-2983
홈페이지 | http://www.lito77.co.kr(홈페이지)
전자우편 | hs2980@hanmail.net

공 급 처 | 한국출판협동조합
주문전화 | (070)7119-1741~2
팩시밀리 | (031)944-8234~6

ISBN 978-89-5669-614-0
값 8,000원